AF357859

Vente du Mercredi 8 Novembre 1871

TABLEAUX

ANCIENS

Mᵉ **CHARLES OUDART**, Commissaire-Priseur.

M. EMILE BARRE, Expert

PARIS — 1871

RENOU ET MAULDE

IMPRIMEURS DE LA COMPAGNIE DES COMMISSAIRES-PRISEURS

Rue de Rivoli 144.

CATALOGUE

DES

TABLEAUX ANCIENS

Des diverses Écoles

NOMBREUSE SÉRIE DE PORTRAITS

GRANDE QUANTITÉ DE CADRES

PROVENANT

De la Collection de M. S...

DONT LA VENTE AUX ENCHÈRES PUBLIQUES AURA LIEU

HOTEL DROUOT

SALLE N° 5

Le Mercredi 8 Novembre 1871

,Par le ministère de **M° CHARLES OUDART**, Commissaire-Priseur,
rue Le Peletier, 31,

Assisté de **M. ÉMILE BARRE**, Expert, rue de la Chaussée-d'Antin, 20.

EXPOSITION PUBLIQUE

Le Mardi 7 Novembre 1871, de 1 heure 1/2 à 5 heures 1 2.

PARIS — 1871

CONDITIONS DE LA VENTE

Elle sera faite au comptant.

Les Acquéreurs paieront CINQ CENTIMES PAR FRANC, en
sus des enchères.

L'Exposition mettant les Acquéreurs à même de se
rendre compte de l'état des Tableaux, aucune réclamation
ne sera admise après l'adjudication prononcée.

DÉSIGNATION

DES

TABLEAUX

BAPTISTE MONNOYER

1 — Bouquet de fleurs posé sur une table couverte d'un riche tapis.

BEAUBRUN

2 — Portrait de dame, époque Louis XIII.

BIDAULT ET DEMARNE

3 — Paysage avec cours d'eau, avec personnages et animaux.

BLIN DE FONTENAY

4 — Bouquet de fleurs dans un vase, avec fruits posés sur une console.

BOUCHER

5 — Nymphe endormie (Etude).

BOUCHER (Ecole de)

6 — Amours (Desssus de porte en camaïeu).
7 — Amours (Dessus de porte en camaïeu).

BRAMANTINI

8 — Sainte Famille.

BREDAEL (Signé)

9 — Intérieur de ferme.

BREUGHEL (le vieux)

10 — Village de Hollande, au bord d'un canal.

BRUSSEL (Van)

11 — Perroquets avec guirlandes de fleurs.
12 — Le Pendant du précédent.

CANALETTO

13 — Vue du grand canal, à Venise.

CERQUOZZI

14 — Intérieur d'un Temple en ruines.

CHARDIN (Signé)

15 — Nature morte.

CIGNANI (Carlo)

16 — Tête de femme.

CUYP (A.)

17 — La petite Fille au chien.

DANLOUX

18 — Misère et Égoïsme.

DESPORTES

19 — Canards effrayés par un chien.

DUJARDIN (Ecole de Karel)

20 — L'Abreuvoir.

DUVERGER (Signé)

21 — Halte de reîtres (Gouache).
22 — Le Pendant du précédent.

ELSHEIMER

23 — La Prédication de saint Jean.

GAEL (Bernart)

24 — Château au bord d'un canal, avec personnages.

GORP (Van)

25 — La Leçon de dessin interrompue.

GOYEN (Van)

26 — Le Coup de vent; marine.

GRÉCO (El)

27 — Portrait de dame.

GREUZE (École de)

28 — Jeune Fille soufflant dans une trompette (Pastel).

JANSSENS

29 — Seigneurs, Cavaliers et Dames dans la grande avenue d'un parc.

HALS (F.)

30 — Portrait d'homme en costume noir, à collerette.

HUBERT-ROBERT

31 — Intérieur, avec personnages.

HUE

32 — Nymphes au bain.

KNELLER

33 — Portrait du duc de Marlborough.

LANTARA

34 — Paysage avec chute d'eau; soleil couchant.

LEBRUN

35 — Portrait de Voyer d'Argenson.

LEDOUX (Mlle)

36 — La Méditation.

LEMOINE

37 — Mars et Vénus.

LEPRINCE

38 — La Ménagère russe (Grisaille).

LONGHI

39 — La Danse.
40 — La Musique.
41 — La Surprise.
42 — Le Lever.

MALTAIS (Le chevalier)

43 — Instruments de musique posés sur une table re-
couverte d'un riche tapis de Smyrne.

MICHEL

44 — Paysage.

MIGNARD

45 — Portrait de Mme de Montespan.

46 — Portrait de la duchesse de Bourbon, en carmélite
(Cadre sculpté).

MURILLO (Ecole de)

47 — Portrait d'enfant, en buste.

PRIMATICE (Ecole du)

48 — Le Parnasse.

RENOUX

49 — Intérieur de cloître.

ROMANELLI

50 — Diane découvrant la grossesse d'une de ses nymphes.

SAUVAGE

51 — Les Amours vendangeurs (Grisaille).

52 — Sacrifice à l'Amour (Grisaille).

SODOMA

53 — Sainte Famille.

SOLMAKER

54 — Halte de paysans et d'animaux, auprès d'un château en ruines.

STEEN (Jean), Signé

55 — La Visite du médecin.

TÉNIERS (Abraham)

56 — Paysage avec figures.

TIÉPOLO

57 — L'Enlèvement de Ganymède.

TINTORETTO

38 — Portrait d'Éléonore d'Este.

VALENCIENNES

59 — Intérieur de parc.

WATTEAU (Ecole de)

60 — Réunion galante dans un parc (Cadre sculpté).

WYNANTS (Ecole de)

61 — Paysage sablonneux, avec figures et animaux.

ÉCOLE FRANÇAISE

62 — Portrait de seigneur, époque Louis XIII.
63 — Portrait de seigneur, époque Louis XV.
64 — Portrait de dame, époque Louis XIV.
65 — Portrait de dame, en Diane.
66 — La jeune Mère.
67 — Tête de jeune Paysanne.
68 — Portrait d'Anne d'Autriche.
69 — Portrait de dame, époque Louis XVI.

ECOLE FRANÇAISE

70 — Portrait de dame, époque Louis XIV (Riche cadre
en bois sculpté).

71 — Cinq Panneaux : sujets pastoraux.

72 — Portrait d'un seigneur, de l'époque Louis XIV, re-
vêtu d'une armure.

73 — Portrait d'homme à cuirasse.

ÉCOLE ITALIENNE

74 — Jeune Femme versant à boire à des cavaliers.

ÉCOLE ALLEMANDE

75 — Portrait d'un prince de Saxe.

ANCIENNE ÉCOLE FRANÇAISE

76 — Portrait de la femme de Charles IX.

Renou et Maulde, imprimeurs de la Compagnie des Commissaires-Priseurs,
rue de Rivoli, 144.   13925